MANUEL DE L'INSTRUCTEUR

POUR LA LECTURE

DU

CODE PÉNAL MILITAIRE

PAR

A. PALLE

CAPITAINE D'ARTILLERIE

PARIS

LIBRAIRIE MILITAIRE DE J. DUMAINE

LIBRAIRE-ÉDITEUR

L. BAUDOIN & Cⁱᵉ, Successeurs

RUE ET PASSAGE DAUPHINE, 30

—

1881

MANUEL DE L'INSTRUCTEUR

POUR LA LECTURE

DU CODE PÉNAL MILITAIRE

Paris. — Imp. L. BAUDOIN et C°, rue Christine, 2.

MANUEL DE L'INSTRUCTEUR

POUR LA LECTURE

DU

CODE PÉNAL MILITAIRE

PAR

A. PALLE

CAPITAINE D'ARTILLERIE

PARIS

LIBRAIRIE MILITAIRE DE J. DUMAINE

LIBRAIRE-ÉDITEUR

L. BAUDOIN & Cᵒ, Successeurs

RUE ET PASSAGE DAUPHINE, 30

—

1881

L DE L'INSTRUCTEUR

POUR LA LECTURE

AVIS AUX INSTRUCTEURS

SUR LE BUT ET L'USAGE DU MANUEL POUR LA LECTURE DU CODE PÉNAL MILITAIRE

Aux termes des règlements en vigueur, la partie pénale du Code de justice militaire doit être lue aux troupes le premier samedi de chaque mois. Elle fait en outre l'objet d'instructions spéciales pour les hommes nouvellement incorporés. Le but de cette lecture est, non seulement d'inspirer aux soldats la crainte des châtiments, mais encore d'éclairer leur esprit, de former leur conscience : en un mot, elle doit être *un puissant moyen d'éducation militaire.*

La simple lecture de la nomenclature insérée dans le livret individuel n'atteint qu'imparfaitement la fin qu'on se propose. Pour la rendre profitable, il faut expliquer les divers articles du Code, développer leur esprit et les appuyer par des exemples.

Le présent Manuel, qui s'adresse uniquement aux instructeurs, est destiné à leur faciliter cette partie de leur tâche. Il comprend quatre chapitres :

CHAP. I. *Généralités sur la justice militaire.*

CHAP. II. *Des crimes et délits, et de leur punition.*

CHAP. III. *Quelques principes de droit international.*

CHAP. IV. *Dispositions relatives aux hommes de la disponibilité et de la réserve de l'armée active, de l'armée territoriale et de sa réserve.*

Les indications suivantes pourront servir de guide aux instructeurs.

Chapitre I.

Le chapitre I forme la base de l'instruction ; il doit être lu et commenté avec soin dès l'arrivée des jeunes soldats. Plus tard, il faut revenir de temps à autre sur les principaux numéros qui sont 1 à 4, 6, 8 à 12, 19 à 24 ; en ce qui concerne les autres numéros, on se contentera de les rappeler, en profitant pour cela des nombreuses occasions que fournira l'explication des articles du Code.

Chapitre II.

Pour faciliter aux instructeurs le travail de l'intelligence et de la mémoire, les matières du chapitre II sont classées dans l'ordre rationnel adopté pour la rédaction du Code ; mais *le libellé de chaque numéro reproduit exactement les termes de la nomenclature alphabétique insérée dans le livret individuel.* Tous les hommes devront avoir leur livret sous les yeux pendant l'instruction.

Il appartient aux commandants de compagnie, d'escadron ou de batterie, non seulement de fixer la manière dont l'instruction doit se faire (par demandes et réponses, au moyen d'une exposition avec ou sans exemples, etc.), mais encore de régler la progression à suivre, d'après les circonstances, dans la lecture des articles du Code. On peut en effet, quand les hommes connaissent bien le chapitre I, intervertir sans inconvénient les matières du chapitre II ; ainsi les nᵒˢ 67, 71, 72, 84, 85, etc., sont inutiles pour les conscrits ; dans le courant de l'année, on commente les articles du Code relatifs aux crimes ou délits qui viennent à se produire dans la garnison ; des explications sur les jugements rendus par les conseils de guerre et affichés dans les casernes, permettent de varier l'instruction. Aux approches des grandes manœuvres, on revoit ce qui a trait au devoir militaire et on prémunit les hommes contre toute idée de vol, etc.

Chapitre III.

Le chapitre III n'est lu qu'aux anciens soldats.

1.

Il devra faire l'objet de commentaires sérieux au moment d'une mobilisation.

Chapitre IV.

Le chapitre IV, complément des indications portées sur le livret, sera lu aux hommes de l'armée active quelque temps seulement avant leur libération et à ceux de la disponibilité, de la réserve et de l'armée territoriale lors des convocations pour exercices ou manœuvres.

MANUEL DE L'INSTRUCTEUR

POUR LA LECTURE

DU CODE PÉNAL MILITAIRE

CHAPITRE PREMIER

GÉNÉRALITÉS SUR LA JUSTICE MILITAIRE

§ 1er. — *Préliminaires.*

1. Le soldat est soumis à tous les devoirs que la morale publique et la loi imposent à ses concitoyens ; manque-t-il à l'un d'eux : i est passible des mêmes peines que les autres Français. Mais, en outre, son titre de soldat lui crée des devoirs particuliers ; tels actes, sans conséquence dans la vie civile, prennent de la gravité et deviennent même criminels, quand leurs auteurs sont militaires. Par exemple, l'infraction à une mesure de police n'entraîne qu'une peine légère ; le soldat qui viole une consigne est passible, suivant le cas, de la prison, des travaux publics ou même de la détention.

2. Ainsi, indépendamment des crimes et délits de droit commun, punis conformément à la la loi commune, il est des crimes et délits particuliers aux soldats, pour lesquels la loi militaire édicte des peines spéciales, parce que l'armée a plus spécialement besoin de les réprimer. Le livret individuel des hommes de troupe en contient la nomenclature. Ils se divisent en deux catégories :

1° Les crimes et délits militaires proprement dits, qui compromettent directement la sécurité de l'armée et le succès des opérations, à savoir : la trahison, l'espionnage, la révolte, le pillage, etc. Ce sont de véritables attentats contre la nation « réclamant un châtiment prompt et exemplaire « au milieu même de cette armée qu'ils outragent « et dont ils trahissent les généreux efforts ». (Foucher).

2° Certains crimes ou délits analogues à ceux de droit commun, commis par des militaires au préjudice de l'Etat ou d'autres militaires.

3. Les citoyens répondent des délits devant les tribunaux correctionnels et des crimes en Cour d'assises. *Les militaires sont toujours jugés par des conseils de guerre*, qu'ils aient commis un délit ou un crime, que ce délit ou ce crime soit de droit commun ou inhérent à leur qualité de soldat.

Ce principe général ne souffre que trois exceptions :

1° Les militaires répondent devant les tribunaux ordinaires des infractions aux lois sur la chasse, la pêche, les douanes, les contributions indirectes, les octrois, les forêts et la grande voirie.

2° Les militaires en congé ou en permission ne sont justiciables des conseils de guerre que pour les crimes et délits portés au livret ; ils répondent des crimes et délits de droit commun devant les tribunaux ordinaires.

3° Les militaires embarqués sur les bâtiments de l'Etat sont jugés par les tribunaux maritimes, conformément aux prescriptions du Code maritime.

Les contraventions de simple police ne donnent généralement lieu, pour les soldats, qu'à des punitions disciplinaires, consigne, salle de police, prison du corps, etc. Ainsi, l'uniforme n'est pas traîné à la barre des tribunaux de police. Si cependant l'autorité militaire juge utile une réparation publique, comme dans le cas de certains scandales, elle peut traduire les coupables devant un conseil de guerre.

4. Les soldats ne peuvent être arrêtés qu'en vertu des ordres de leurs chefs. Ce privilège est un hommage rendu par la loi au principe de la hiérarchie et de la discipline militaires.

Il n'y a d'exception qu'en cas de *flagrant délit ;* les agents ordinaires de la police peuvent alors arrêter les soldats, à condition cependant de les remettre de suite à l'autorité militaire. Ceux-ci sont tenus d'obtempérer à leurs injonctions.

Le flagrant délit est celui qui se commet actuellement ou vient de se commettre. Il y a aussi flagrant délit lorsque le prévenu est poursuivi par la clameur publique ; ou bien quand il est trouvé muni d'effets, armes, instruments, papiers, etc., pouvant se rapporter à un crime récent et dont la possession n'est pas justifiée.

§ 2. — *Bases de la justice militaire.*

5. L'armée forme une société particulière.

L'élément qui la constitue, le soldat, est un homme dans la force de l'âge et des passions, ayant des armes à sa disposition, que l'on astreint à une discipline exacte, parfois rigoureuse, et qui est souvent exposé à de grandes privations et à de grands périls. Il en résulte des mœurs à part et la nécessité de règles spéciales pour diriger cette société vers son but, *la défense de la patrie.* Il ne suffit pas de développer dans son sein les sentiments d'honneur et de devoir; il faut encore y comprimer les éléments de dissolution ou de perversité par la crainte des châtiments. *Les qualités fondamentales de cette répression sont une grande fermeté et une rapidité suffisante* pour que le spectacle de l'expiation vienne frapper les esprits avant qu'ils n'aient oublié la faute. « Les délits « militaires, a dit Napoléon Ier, veulent être jugés « promptement et sévèrement ». Une des gloires du maréchal Davoust, est la belle tenue qu'il savait maintenir dans son corps par une sévérité restée proverbiale.

6. Le Code militaire gradue les peines d'après un principe qui lui est spécial; leur rigueur, au lieu d'être uniquement basée sur la gravité de la faute, dépend aussi des conséquences qu'elle peut avoir pour l'armée et le pays, et des circonstances où l'on se trouve. Ainsi, certaines infractions, l'abandon du poste, la désertion, le sommeil étant en faction, etc., sont punies différemment suivant qu'on est en paix, en état de guerre ou devant l'ennemi. « La justice militaire, dit le maréchal « Marmont, n'est pas établie d'une manière ab- « solue sur des principes de morale, *elle a pour* « *base la nécessité.* Sans doute, aux yeux d'un « homme sensé, pour la moralité et l'intérêt qui « s'attache à la personne, il y a loin du voleur

« au militaire qui désobéit à son chef et l'insulte
« dans un moment de passion. Cependant la pu-
« nition du militaire sera bien plus grave ; pour
« venger la société, il suffira, dans beaucoup de
« circonstances, que l'un aille aux galères, quand
« l'armée serait perdue si l'autre n'était pas en-
« voyé à la mort : car, dès ce moment, tous les
« liens seraient brisés, et l'édifice militaire, qui
« n'est basé que sur le respect et la soumission,
« croulerait sans ce point d'appui. Il y a donc
« une immense différence entre la justice civile
« et la justice militaire : celle-ci paraît barbare,
« mais elle est indispensable.... ».

7. Pour obtenir une prompte répression, on a
pris, dans le Code militaire, diverses mesures
ayant principalement pour but de réduire les délais accordés aux prévenus ordinaires. Quand les
circonstances deviennent graves, le jugement et
son exécution doivent être encore plus expéditifs :
c'est pour cela, qu'aux armées, on multiplie les
conseils de guerre, on diminue le nombre des
juges, la procédure est simplifiée et les délais
encore abrégés. Néanmoins, ces mesures peuvent
rester insuffisantes aux grands moments de crise :
aussi a-t-on vu souvent renaître alors *les Cours
martiales* et leur justice sommaire.

8. Il n'y a pas de *circonstances atténuantes* pour
les crimes et délits militaires proprement dits (Voir
n° 2, 1°). Le juge peut seulement graduer la peine
entre le maximum et le minimum déterminés par
la loi. Par exemple, un factionnaire s'endort : le
détachement, qu'il couvrait, pouvait être surpris.
En raison de la gravité d'une pareille conséquence, la loi rejette toute excuse, et cependant
il y en a peut-être de bien fondées. « Toute la

« journée on a marché, on s'est battu ; l'accusé
« était exténué. Qu'importe ! Dans la vie militaire
« tout n'est - il pas circonstance atténuante ? »
(Amédée Le Faure).

La loi n'admet de circonstances atténuantes
que pour les crimes et délits de droit commun,
et, par analogie, pour les crimes et délits de
la deuxième catégorie (Voir n° 2, 2°). *Il en est fait
alors mention dans la nomenclature du livret.* Encore, dans ce dernier cas, les juges devront-ils
s'inspirer parfois, pour rendre leur verdict, des
conséquences possibles de la faute. En guerre, un
soldat vole une poule ; certes, le délit est mince ;
le coupable a du reste une excuse naturelle, la
faim. Néanmoins, *il sera sévèrement puni ;* autrement, par cela même que les soldats souffrent
mille privations, les vols vont se multiplier. Lésés
dans leurs intérêts, les habitants, alliés jusqu'ici
ou indifférents, vont devenir hostiles ; peut-être
même pactiseront-ils avec l'ennemi et le salut de
l'armée sera plus ou moins compromis. (Exemple
rapporté par A. Le Faure).

Il va de soi que la crainte du danger ou les
menaces ne sont jamais des excuses pour un
soldat.

9. *L'ivresse ne peut, en aucun cas, être invoquée comme circonstance atténuante.* L'aberration
d'esprit qu'elle produit ne saurait être assimilée
à la démence et exclure, comme elle, l'idée de
culpabilité. Les fautes, loin d'être atténuées par
le fait de l'ivresse, en sont plutôt aggravées.
Celle-ci est donc un vice des plus dangereux
pour le soldat, puisqu'elle peut l'entraîner, d'une
manière souvent inconsciente, aux actes les plus
criminels. Il est parfois difficile, et même impossible, aux chefs d'éviter ces fautes à leurs infé-

rieurs, malgré les précautions qu'ils prennent toujours en pareil cas ; les autres hommes feront donc preuve de bonne camaraderie en intervenant eux-mêmes au premier signe des gradés ; ainsi, ils empêcheront un malheureux ivrogne de commettre une grave infraction, telle que refus d'obéissance, voies de fait envers un supérieur, résistance à la force armée, etc.

10. *Il ne peut être admis de circonstances atténuantes en faveur du soldat condamné à la fois pour désertion et pour une autre faute (Art. 243).* De la sorte, la punition du coupable est aggravée du fait même de la désertion, ce qui est juste, puisque celle-ci a eu lieu pour se soustraire au châtiment.

11. *Les conseils de guerre jugent sans appel.* Les conseils de révision n'interviennent que pour statuer sur la régularité des formes de la procédure. Encore le recours en révision peut-il être temporairement suspendu aux armées et dans les places investies.

L'appel devant la Cour de cassation n'est jamais permis aux soldats.

12. Les principes de la justice militaire s'appliquent au maintien de la discipline dans les corps. La répression est toujours immédiate et proportionnée non seulement à la gravité de la faute, mais encore aux conséquences qu'elle peut avoir.

§ 3. — *Des peines appliquées par les conseils de guerre.*

13. Les peines des crimes sont les suivantes :
La mort. La peine capitale n'est infamante

2.

que dans les cas où la loi spécifie de l'associer à la dégradation militaire; le livret en fait alors mention. Si le maintien de la discipline exige une sévérité parfois excessive à l'égard de certains coupables de l'armée, la raison se refuse à les mettre sur le même pied d'ignominie et de perversité que les assassins et les grands criminels. *Mourir sans être déshonoré* est alors une compensation à la rigueur de la loi militaire, forcée d'exclure les circonstances atténuantes. Jusqu'au dernier moment, le soldat condamné conserve ses insignes et même la croix de la Légion d'honneur.

Quand, au cas contraire, la peine de mort est infamante, bien que pour ne pas aggraver le châtiment d'une manière cruelle et inutile, la dégradation ne précède pas effectivement l'exécution, le condamné est passé par les armes dépouillé de tout insigne militaire.

Pour les crimes de droit commun, la peine de mort est toujours infamante.

Les travaux forcés à perpétuité ou **à temps** (de 5 à 20 ans), subis dans des établissements spéciaux de l'Etat, dans une colonie française autre que l'Algérie. Les forçats ont été successivement envoyés aux bagnes, puis à Cayenne et maintenant à la Nouvelle-Calédonie. Ils sont employés aux travaux les plus pénibles ; ils peuvent être enchaînés deux à deux ou assujettis à traîner le boulet à titre de punition disciplinaire ou par mesure de sûreté.

La déportation. Le condamné est transporté dans une colonie, actuellement la Nouvelle-Calédonie, et y demeure *toute la vie* sous un régime spécial de surveillance.

La détention dans une forteresse, pour une durée de 5 à 20 ans.

La réclusion dans une maison de force ou dans une maison centrale (Clairvaux, Embrun) pour une durée de 5 à 10 ans.

Le bannissement ou l'exil pour une durée de 5 à 10 ans.

Les condamnés aux peines temporaires mentionnées ci-dessus peuvent être soumis, quand elles sont expirées, à la *surveillance de la haute police.*

La dégradation militaire, peine infamante, est le préalable obligé de toute exécution pour crime, sauf, dans certains cas, l'exécution capitale (voir ci-dessus). Elle peut être aussi prononcée comme peine principale; alors elle est toujours accompagnée de prison.

Les condamnations pour crime entraînent, la vie durant, la *dégradation civique*, c'est-à-dire l'exclusion des emplois publics, la perte des droits civils et politiques, etc... En particulier, les condamnés de cette catégorie sont *indignes de porter les armes*; ils cessent donc d'appartenir à l'armée, et subissent leur peine dans les mêmes établissements et de la même manière que les criminels ordinaires.

14. La dégradation militaire, honteux stigmate infligé au coupable chassé des rangs de l'armée, est la peine la plus sensible à un homme de cœur (Foucher). Elle a lieu devant la troupe sous les armes. Le condamné est amené par un détachement; il lui est donné lecture de son jugement, et le commandant des troupes prononce la formule suivante :

N... N... (nom et prénoms du condamné), *vous êtes indigne de porter les armes;*

Au nom du Peuple français, nous vous dégradons.

Aussitôt après, tous les insignes militaires et les décorations dont le condamné est revêtu sont enlevés; il passe entre quatre hommes devant le front de la troupe et est ensuite remis à la gendarmerie pour aller subir sa peine.

15. Le soldat condamné à mort a le privilège de ne pas être livré au bourreau; il est fusillé en présence de la troupe sous les armes par ceux-là même dont il a compromis l'honneur ou la sécurité.

Le condamné est amené par un peloton de 50 hommes; quand il arrive au centre des troupes, celles-ci portent les armes et les tambours battent aux champs. Il est adossé à un poteau; un soldat lui bande les yeux et le fait mettre à genoux; pendant ce temps il est donné lecture du jugement. Le peloton d'exécution, commandé par un adjudant, comprend 4 sergents ou maréchaux des logis, 4 caporaux ou brigadiers et 4 soldats, en tout 12 hommes choisis parmi les plus anciens du corps auquel appartenait le condamné. Il se place, formé sur deux rangs, à 6 mètres du poteau. Le moment fatal arrivé, l'adjudant lève son sabre; à ce signal le peloton met en joue, tous les hommes visant à la poitrine. L'adjudant, gardant son sabre levé, laisse le temps de bien ajuster; puis il prononce distinctement le mot « *Feu!* », qui est immédiatement suivi d'exécution. Aussitôt, un médecin s'approche pour constater la mort. S'il est nécessaire de donner le coup de grâce, un sous-officier désigné place le bout de son fusil contre l'oreille du supplicié et fait feu à bout portant.

16. Les peines des délits sont :

Les travaux publics pour une durée de 2 à 10 ans. Le condamné est conduit à la parade, revêtu d'un costume déterminé par les règlements ; il y entend, devant la troupe, la lecture de son jugement.

Les hommes punis de cette peine sont employés à des travaux d'utilité publique.

L'emprisonnement, pour une durée de 6 jours à 5 ans dans une prison militaire.

Les travaux publics et l'emprisonnement n'ont pas le caractère infamant. Le condamné reste soldat, subit sa peine dans des établissements militaires et reprend son service quand il en sort. Seulement la durée de cette peine ne compte pas pour le temps de service exigé par la loi.

En outre, il résulte de toute condamnation par un conseil de guerre une inscription au casier judiciaire, qui suit l'homme toute sa vie.

17. On distingue les crimes des délits, dans la nomenclature du livret, par la nature de la peine qu'édicte la loi.

18. Pour les militaires, l'amende encourue d'après les prescriptions du Code pénal ordinaire est remplacée par un certain temps d'emprisonnement.

§ 4. — *Tentative et récidive. — Complicité. — Contumax et défaillants. — Prescription. — Dommages-intérêts.*

19. *La tentative* est un commencement d'exécution qui ne manque son effet ou n'est suspendu que par des circonstances indépendantes de la volonté de son auteur.

Toute tentative de crime est considérée et punie comme le crime même.

La tentative de délit n'est considérée comme délit que si la loi le spécifie. Le cas se présente deux fois seulement dans le Code militaire, pour la **corruption des fonctionnaires** (art. 261 ; voir n° 87), et pour les **fraudes en matière de recrutement** (art. 270).

20. Le Code militaire n'édicte une répression spéciale pour **récidive** qu'en cas de désertion. — Toutefois les *juges peuvent toujours en tenir compte* en se rapprochant du maximum de la peine.

21. On appelle *complices* d'une faute ceux qui aident à la commettre de quelque manière que ce soit, y excitent le coupable, lui fournissent des armes ou autres instruments, qui recèlent sciemment des objets enlevés à l'aide de cette faute.

Les complices d'un crime ou d'un délit sont punis comme les auteurs.

22. La fuite ou l'évasion ne soustraient pas les militaires à l'action de la justice. L'affaire est instruite quand même. Pour un crime , le prévenu absent, dit *contumax*, est jugé par contumace. *En aucun cas, on n'admet pour lui de circonstances atténuantes , ni même le recours en révision.*

Pour un délit ou une contravention de police, le prévenu absent, dit *défaillant*, est jugé par défaut.

23. Un crime non poursuivi ou n'ayant donné

lieu qu'à une instruction non suivie de jugement, reste sujet aux poursuites judiciaires pendant 10 ans. Cette période, dite *prescription*, part du jour où le crime a été commis, ou de celui où l'instruction précitée a pris fin.

Il en est de même pour les délits, sauf la durée de la prescription, qui est réduite à 3 ans.

Pour les insoumis et les déserteurs, la prescription court seulement du jour où le coupable atteint 47 ans (1) ; toutefois, le bénéfice en est acquis à 50 ans. En outre, quelle que soit l'époque à laquelle l'insoumis ou le déserteur soit arrêté, l'Etat se réserve le droit de lui faire compléter son temps de service.

24. Bien que les conseils de guerre n'aient pas à statuer sur les demandes en dommages-intérêts, les militaires n'échappent pas cependant à cette conséquence de leurs fautes : ils peuvent toujours être poursuivis de ce chef devant les tribunaux ordinaires comme les autres citoyens.

(1) Age légal de l'inaptitude au service militaire, au moment où le Code militaire a été promulgué.

CHAPITRE II

DES CRIMES, DES DÉLITS ET DE LEUR PUNITION

§ Ier. — *Crimes et délits militaires proprement dits, pour lesquels la loi n'admet pas de circonstances atténuantes.*

25. **Armes portées contre la France** : MORT AVEC DÉGRADATION MILITAIRE (art. 204). Porter les armes contre sa patrie est un crime de haute trahison, considéré toujours et partout comme ignominieux. Le coupable utilise contre la France les forces et l'intelligence qui lui avaient été données pour la servir ; il frappe de ses propres mains ceux qui devaient être ses compagnons d'armes.

26. **Trahison** : MORT, AVEC DÉGRADATION MILITAIRE (art. 205).

Est coupable de trahison :

1° Celui qui livre à l'ennemi ou dans l'intérêt de l'ennemi, la troupe qu'il commande, la place ou le poste qui lui est confié, des plans d'établissements militaires, des approvisionnements de l'armée, le mot d'ordre, le secret d'une opération ou d'une négociation ;

2° Celui qui entretient des intelligences avec l'ennemi, dans le but de favoriser ses entreprises ;

3° Celui qui participe à des complots dans le but de forcer le commandant d'une place à se rendre ou à capituler.

Il y a *complot* dès que la résolution d'agir est concertée entre deux ou plusieurs personnes. Alors même qu'il ne serait donné aucune suite au

complot, la peine ne change pas, car « il y a tou-
« jours là un crime menaçant, odieux, ne parais-
« sant susceptible d'aucune atténuation. » (Foucher.)

4° Celui qui provoque à la fuite ou empêche le
ralliement en présence de l'ennemi ; en particulier, celui qui, devant l'ennemi, se permet des
clameurs tendant à jeter l'épouvante ou le désor-
dre ; qui, sans ordre ou motif légitime, met hors
de service une pièce ou un affût ; le conducteur
qui coupe les traits de ses chevaux, etc.

On considère aussi comme coupable de trahison :

1° Tout factionnaire ou vedette ayant donné
ou transmis une fausse consigne, ou bien ayant
négligé de rendre compte de ce qu'il a observé,
si, par suite, la sécurité du poste ou de la troupe
en arrière a été compromise ;

2° Tout chef de patrouille n'ayant pas exé-
cuté ponctuellement les ordres reçus, ou ayant
négligé de rendre compte des résultats de sa découverte, si, par suite, le succès d'une opération
militaire a été compromis.

**27. Prisonnier de guerre qui, ayant faussé
sa parole, est repris les armes à la main : MORT**
(art. 204). Le respect de la foi jurée est de règle
absolue ; celui qui la viole est puni de mort, quand
il est repris les armes à la main. Toutefois, il n'y
a pas dégradation militaire parce que le coupable
ne trahit ni son drapeau ni sa patrie.

**28. Espionnage pour l'ennemi, ou recel
d'espions ou d'ennemis : MORT, AVEC DÉGRADA-
TION MILITAIRE** (art. 206). Sont espions pour l'ennemi : 1° Ceux qui s'introduisent dans une ville
de guerre, dans un poste ou établissement mili-

taire ; dans les camps, bivouacs et cantonnements d'une armée ou dans les travaux qu'elle fait, pour s'y procurer des renseignements ou documents dans l'intérêt de l'ennemi ;

2° Ceux qui procurent à l'ennemi des renseignements ou documents utiles ;

3° Ceux qui sciemment recèlent ou font recéler les espions et les ennemis, militaires ou non, envoyés à la découverte.

29. **Espionnage par l'ennemi sous des déguisements** : MORT (art. 207). L'art. 207 vise l'ennemi, militaire ou non, qui s'introduit déguisé dans un des lieux désignés ci-dessus, n° 28, 1°. Il faut bien distinguer l'espion agissant par intérêt ou vengeance, de celui qui a pour mobile le patriotisme. Bien que la sécurité de l'armée exige impérieusement la mort de l'un et de l'autre, il est incontestable que l'acte du dernier, loin d'être en soi répréhensible, est digne de louange.

30. **Embauchage pour l'ennemi** : MORT ; DE PLUS DÉGRADATION MILITAIRE SI LE COUPABLE EST MILITAIRE (art. 208). Est *embaucheur* celui qui provoque des militaires à passer à l'ennemi, leur en facilite les moyens, ou qui fait des enrôlements pour une puissance en guerre avec la France.

31. **Reddition de place par capitulation avec l'ennemi** : MORT, AVEC DÉGRADATION MILITAIRE (art. 209) (1). L'article 209 vise les gouverneurs ou commandants de place reconnus coupables, après l'avis d'un conseil d'enquête, d'avoir capitulé sans avoir épuisé tous les moyens de dé-

---

(1) L'article 209 figure au livret sous les deux titres : *Capitulation avec l'ennemi* et *Reddition de place.*

fense dont ils disposaient, et sans avoir fait tout ce que leur prescrivaient le devoir et l'honneur.

32. Capitulation en rase campagne: MORT AVEC DÉGRADATION MILITAIRE , OU DESTITUTION (art. 210). La garnison d'une place peut accepter une capitulation quand elle a épuisé tous les moyens de défense et fait ce que lui prescrivaient le devoir et l'honneur. Mais *une troupe en rase campagne ne peut jamais capituler. Son chef est toujours puni*, à savoir : 1° De la peine de mort avec dégradation militaire, s'il a consenti à faire poser les armes à sa troupe ; ou bien, s'il n'a pas fait avant de traiter, verbalement ou par écrit, tout ce que lui prescrivaient le devoir et l'honneur ; 2° de la destitution dans tous les autres cas.

La différence que fait la loi, au point de vue de la capitulation, entre la garnison d'une place et une troupe en rase campagne, s'explique facilement. Une place, remarque Napoléon Ier, est une machine organisée de manière qu'un petit nombre d'hommes puisse s'y défendre un certain temps contre un grand nombre. Quand la machine est anéantie et que le temps sur lequel comptait le général en chef est écoulé, la garnison a joué son rôle : elle peut poser les armes, en stipulant ses intérêts et ceux de la population civile (1).

(1) Encore y a-t-il des généraux, le maréchal de Villars entre autres, qui pensent qu'une garnison ne doit jamais poser les armes ; mais à la dernière extrémité chercher à percer en faisant sauter, si possible, les fortifications. Les gouverneurs qui ont adopté cet énergique parti, comme le général Brenier à Alméida, en 1811, ont rejoint leur armée en sauvant les trois quarts au moins de la garnison.

3.

Une troupe en rase campagne ne saurait invoquer les mêmes raisons ; pour elle, *toute capitulation est une lâcheté*, car ainsi elle se soustrait au péril en rendant la position des autres troupes plus dangereuse. « *L'idée de capituler en rase campagne « ne doit même pas se présenter à l'esprit du soldat. « Il n'y a qu'une manière honorable d'être pris : « c'est de se rendre individuellement, au milieu « de la mêlée, et sous les coups de crosse, quand « on ne peut plus se servir de ses armes.* » Il faut donc toujours se battre à outrance, ce qui, d'ailleurs, donne grande chance de se faire jour ou d'être secouru, et, en tout cas, affaiblit beaucoup l'ennemi.

Une armée réfugiée sous la protection d'une place forte est réputée en rase campagne.

Un chef tombé au pouvoir de l'ennemi n'a plus d'ordres à donner au commandant des troupes ayant conservé leur liberté d'action. L'obéissance pour ces derniers, loin d'être alors obligatoire, peut devenir criminelle quand elle mène à l'exécution d'actes contraires au devoir militaire. En particulier, *une troupe sous les armes n'est tenue par une capitulation faite en dehors d'elle qu'autant qu'elle n'a aucun moyen de s'y soustraire.* L'application de ce dernier principe à travers mille dangers, a commencé l'illustration du maréchal Bugeaud, alors sous-lieutenant (Baylen, 1808).

La subordination entre prisonniers de guerre de grades différents doit être observée autant par convenance qu'en vue de l'intérêt commun. En y manquant, on force l'ennemi à se charger de tous les détails de police et de discipline, et l'on aggrave ainsi les douleurs de la captivité.

83. Abandon du poste, étant en faction ou

en vedette, en présence de l'ennemi ou de rebelles armés : Mort.

Abandon du poste, étant en faction ou en
vedette, en présence de l'ennemi ou de rebelles armés sur un territoire en état de guerre
ou de siège : 2 a 5 ans de travaux publics.

Abandon du poste, étant en faction ou en vedette, en présence de l'ennemi ou de rebelles
armés dans tous les autres cas : 2 mois a un
an de prison (art. 211). L'abandon du poste par
un factionnaire ou une vedette est toujours une
faute grave, même en temps de paix, puisqu'elle
compromet directement la sécurité des troupes,
du matériel ou des établissements à garder. On
conçoit qu'en guerre, elle puisse avoir les plus
terribles conséquences.

Toute absence même momentanée, si elle n'est
pas autorisée ou justifiée, *constitue l'abandon du
poste : l'intention formelle de revenir ne saurait
jamais être invoquée comme excuse.*

Pour les sentinelles volantes et les vedettes
mobiles, l'abandon du poste consiste dans l'inexé-
cution de leur consigne. Ainsi le cavalier en ob-
servation devant l'ennemi n'abandonne pas son
poste quand il se replie devant lui sans le perdre
de vue.

Par territoire en état de guerre ou de siège,
il faut entendre deux choses : 1° Une place forte
en état de guerre ou en état de siège ; 2° Un territoire quelconque en état de guerre.

L'état de guerre et l'état de siège résultent,
pour les forteresses, des conditions indiquées par
le règlement sur le service dans les places. Un
territoire quelconque est déclaré en état de siège

par l'Assemblée nationale, ou, en cas de proroga-
tion, par le chef de l'Etat.

34. Sommeil d'un factionnaire ou d'une vedette en présence de l'ennemi ou de rebelles
armés : 2 A 5 ANS DE TRAVAUX PUBLICS.

Sommeil d'un factionnaire ou d'une vedette
en présence de l'ennemi ou de rebelles armés
sur un territoire en état de guerre ou de siège :
6 MOIS A 1 AN DE PRISON.

Sommeil d'un factionnaire ou d'une vedette
en présence de l'ennemi ou de rebelles armés
dans tous les autres cas : 2 A 6 MOIS DE PRISON
(art. 212). Le sommeil d'une sentinelle a toujours
été puni, à cause des graves conséquences qu'il
peut avoir, même en temps de paix. La loi en fait
un délit, pour affirmer l'importance du devoir
imposé au factionnaire ou à la vedette. Si cependant la peine de mort n'est jamais édictée, alors
même qu'on se trouve devant l'ennemi, c'est que
de toutes les fautes militaires, il n'en est souvent
pas de plus excusable ; en certains cas, le meil·
leur soldat ne peut résister au sommeil qu'à force
d'énergie ; mais cette énergie ne doit jamais
manquer à un homme de cœur.

35. Abandon du poste en présence de l'ennemi ou de rebelles armés : MORT.

Abandon du poste en présence de l'ennemi
ou de rebelles armés sur un territoire en état
de guerre ou de siège : 2 A 5 ANS DE PRISON.

Abandon dans tous les autres cas : 2 A 6
MOIS DE PRISON (art. 213). Ici le mot *poste* signi-
fie tout endroit où le militaire est de service,
isolément ou en troupe ; le soldat qui abandonne

la troupe dont il fait partie, alors que celle-ci se trouve réunie pour un service commandé, abandonne son poste.

Toute absence même momentanée, constitue l'abandon du poste (voir nº 33).

En présence de l'ennemi, le châtiment est la mort, parce qu'il y a lieu de présumer que le but du coupable était de songer à sa propre sécurité.

Secourir les blessés n'est pas un motif ni une excuse pour abandonner son poste ; il y a un service spécialement organisé pour leur venir en aide.

La faute est particulièrement grave quand il s'agit du service de garde. En ce cas, le maximum de la peine est toujours infligé au coupable quand il était chef de poste.

Jeter lâchement ses armes dans une affaire, abandonner les pièces que l'on sert et tous actes semblables constituent l'abandon du poste.

36. **Absence du poste en cas d'alerte ou à la générale en temps de guerre ou en état de siège : 6 mois a 2 ans de prison (art. 214).**

L'article 214 vise le soldat qui, en temps de guerre, aux armées, ainsi que dans les territoires en état de siège, ou dans les places de guerre assiégées ou investies, ne rejoint pas son corps ou ne se rend pas au poste spécial qui lui est assigné, lorsqu'on bat la générale ou qu'il y a alerte (1). Chacun comprend en effet qu'il est essentiel de pouvoir compter à chaque instant sur

(1) La loi ne s'occupe pas des prises d'armes en dehors des deux cas d'alerte et de générale ; il n'y a plus alors qu'une faute disciplinaire, mais elle est toujours grave et la

l'effectif disponible : autrement les mouvements imprévus deviennent impossibles et les attaques inopinées de l'ennemi désastreuses.

Manquer aux appels n'est qu'une faute disciplinaire, mais on doit la réprimer sévèrement, car les soldats ont toujours une grande tendance à s'absenter, malgré les prescriptions formelles du règlement (1).

37. Absence d'un militaire du conseil de guerre où il est appelé à siéger : 2 A 6 MOIS DE PRISON (art. 215).

38. Evasion (auteurs ou complices d') de prisonniers de guerre ou détenus, en cas de négligence : EMPRISONNEMENT DE 6 JOURS A 5 ANS.

Evasion en cas de connivence : RÉCLUSION DE 5 A 10 ANS ; TRAVAUX FORCÉS DE 5 A 20 ANS ; TRAVAUX FORCÉS A PERPÉTUITÉ (art. 216). La loi vise l'évasion des détenus de toute sorte, civils ou militaires, prévenus ou déjà condamnés, se trouvant dans une prison, dans une maison centrale, dans des ateliers de travaux publics ou dans tout autre établissement pénitentiaire.

La gravité du châtiment, dans chacun des deux cas de négligence ou de connivence, est propor-

punition sera d'autant plus rigoureuse que les conditions où l'on se trouve se rapprocheront davantage de celles visées par l'article 214.

(1) En campagne aucun homme ne peut sortir sans permission du camp ou cantonnement. Dans les places en état de guerre ou de siège, aucun homme ne peut franchir sans permission les avancées de l'ouvrage où il tient garnison.

En temps de paix, l'absence du poste à la générale ne constitue qu'une faute disciplinaire.

tionnée à la gravité de la prévention ou de la condamnation pesant sur l'évadé, alors même que l'auteur ou le complice de l'évasion ne connaîtrait pas le motif qui a fait arrêter ou condamner celui-ci.

Les soldats servant d'escorte à des prisonniers, ou de service dans les établissements pénitentiaires, civils ou militaires, ne doivent jamais perdre de vue les fâcheuses conséquences que peut avoir pour eux la moindre négligence, le moindre acte d'une complaisance mal comprise, à l'égard de gens souvent indignes de pitié, qui cherchent toutes les occasions de fuir.

39. **Révolte suivant la gravité des faits, selon le nombre, la position et le grade de ceux qui y participent** : Mort, 5 a 10 ans de travaux publics (art. 217). — Sont en état de révolte :

1° Les militaires sous les armes qui, réunis au nombre de 4 au moins, et agissant de concert, refusent, à la 1re sommation, d'obéir aux ordres de leurs chefs.

2° Les militaires qui, au nombre de 4 au moins, prennent les armes sans autorisation et agissent contre les ordres de leurs chefs.

3° Les militaires qui, réunis au nombre de 8 au moins, se livrent à des violences en faisant usage de leurs armes et refusent, à la voix de leurs supérieurs, de se disperser ou de rentrer dans l'ordre.

Sont punis de mort : 1° Les instigateurs ou chefs de la révolte. 2° Le militaire le plus élevé en grade, alors même qu'il ne serait ni instigateur ni chef de la révolte, parce que son grade lui imposait l'obligation d'empêcher la révolte au lieu d'y prendre part. Les autres coupables sont punis de 5 à 10 ans de travaux publics.

Etre sous les armes, c'est être présent à son poste pour un service en armes. *Prendre les armes*, c'est s'équiper comme il est prescrit pour un service en armes.

40. Rébellion envers la force armée ou les agents de l'autorité, sans armes : 2 A 6 MOIS DE PRISON.

Rébellion avec armes : 6 MOIS A 2 ANS DE PRISON.

Rébellion par plus de 2 militaires sans armes : 2 A 5 ANS DE PRISON.

Rébellion avec armes : RÉCLUSION DE 5 A 10 ANS.

Rébellion par des militaires armés, au nombre de 8 au moins : MORT OU TRAVAUX PUBLICS DE 5 A 10 ANS, SUIVANT LES CIRCONSTANCES (art. 225). Par rébellion, on entend toute attaque, toute résistance avec violence (1), toute voie de fait envers la force armée ou les agents de l'autorité civile ou militaire dans l'exercice de leurs fonctions.

Le maximum de la peine est toujours infligé aux instigateurs ou chefs de la rébellion et aux militaires du grade le plus élevé.

Il n'y a pas rébellion avec armes quand les militaires ont seulement les armes que comporte leur tenue au moment où ils commettent la faute Mais l'usage de ces armes ou le port d'une arme étrangère à la tenue prescrite les rendent coupables de

____

(1). Voir la définition de la violence au n° 43 ci-après.

rébellion avec armes. Il en est de même s'ils portent, ostensiblement ou d'une manière cachée, des poignards, coups de poing, etc.

Les hommes qui se dispersent ou rentrent dans l'ordre à la première sommation de leurs chefs, ne commettent pas le crime de révolte ou de rébellion. Ils ne sont passibles que d'une punition disciplinaire. Il est clair que la justice n'intervient qu'après l'apaisement de la révolte ou de la rébellion. Jusque-là, *les chefs militaires, responsables de leurs troupes, peuvent et doivent user de tous les moyens énergiques mis à leur disposition par le règlement pour dissiper le rassemblement.*

41. Refus d'obéissance pour marcher contre l'ennemi ou contre des rebelles armés : MORT AVEC DÉGRADATION MILITAIRE.

Refus d'obéissance sur un territoire en état de guerre ou de siège : 5 A 10 ANS DE TRAVAUX PUBLICS.

Refus d'obéissance dans tous les autres cas : 1 AN A 2 ANS DE PRISON (art. 218). Le livret ne mentionne que le refus d'obéissance pour marcher contre l'ennemi ; mais le texte de la loi est formel et vise *le refus d'obéissance pour tout ordre relatif au service.* Elle affirme ainsi l'égale importance des divers services commandés, qui tous concourent au but général.

Le refus d'obéissance ne comprend pas seulement le refus formel, mais encore *le défaut d'exécution des ordres reçus,* sans motif légitime. Dans l'un et l'autre cas, en effet, le maintien de la discipline est gravement compromis.

Quand un militaire n'obtempère pas à un ordre relatif au service, on doit, avant de le lui réitérer d'une manière formelle, prendre des témoins, s'il est possible, et lui rappeler la nature et les conséquences de la faute qu'il va commettre. Ainsi, on arrivera souvent à prévenir les refus d'obéissance.

42. Violation de consigne en présence de l'ennemi ou de rebelles armés : Détention de 5 a 20 ans.

Violation sur un territoire en état de guerre ou de siège : 2 a 10 ans de travaux publics.

Dans tous les autres cas : 2 mois a 3 ans de prison (art. 219).

La faute est la même pour le soldat qui viole la consigne reçue, et pour celui qui force la consigne donnée à un autre.

Nulle consigne n'est exceptée, qu'elle soit écrite ou verbale, temporaire ou permanente, locale ou générale.

Aucun militaire, même commandant une troupe, n'est autorisé à forcer une consigne qu'il supposerait être le résultat d'une erreur ou d'un abus. On doit présumer qu'elle a été donnée régulièrement et la respecter, sauf à réclamer, s'il y a lieu, à qui de droit.

43. Violences envers une sentinelle ou une vedette à main armée : Mort.

Violences sans armes, mais en réunion de plusieurs personnes : 5 a 10 ans de travaux publics.

Violences sans armes et par une seule personne : 1 an a 5 ans de prison (art. 220).

La *violence* est l'emploi illégitime de la force,

qu'il y ait ou non lutte entre la victime et l'agresseur. Tirer un coup de feu est une violence, alors même que la balle manquerait le but.

La violence à main armée se distingue de la violence sans armes d'après les principes posés au n° 40 pour la rébellion.

44. Insulte envers une sentinelle : 6 jours a 1 an de prison (art. 220).

L'insulte peut avoir lieu par paroles, gestes ou menaces.

45. Voies de fait envers un supérieur avec préméditation et guet-apens : Mort avec dégradation militaire (art. 221).

Par *voie de fait*, on entend tout moyen matériel mis en œuvre contre quelqu'un, avec ou sans lutte, avec ou sans violence. Un soufflet est une voie de fait et non une violence.

La voie de fait et la violence existent dès l'instant ou le coupable les a exercées dans tous les actes qui lui sont personnels. On l'arrête, par exemple, au moment où il va décharger son arme sur un supérieur : la gravité de la faute est la même que s'il avait réellement tiré.

La *préméditation*, est le dessein formé, avant l'action, de commettre un attentat, alors même que ce dessein dépendrait de quelque circonstance ou de quelque condition.

Le *guet-apens* consiste à attendre plus ou moins de temps, dans un ou divers lieux, un individu pour commettre sur lui un attentat.

Par supérieur, il faut comprendre : 1° Tout supérieur de grade; 2° tout supérieur de rang, c'est-à-dire les assimilés, comme intendants, médecins, etc., d'un rang supérieur à celui qui correspond au grade du coupable; 3° enfin tout militaire exerçant sur le coupable un commandement légitime, par droit d'ancienneté ou autre.

Tous les supérieurs sont mis sur la même ligne, le caporal comme le général, parce que tous ont droit à la même obéissance.

La loi militaire n'établit pas, comme le Code ordinaire, des distinctions dans la pénalité d'après la nature des voies de fait et de leurs conséquences. Ce qu'elle punit, ce qui, pour elle, prime le reste, c'est le *crime d'insubordination poussé jusqu'au dernier degré*, l'insubordination, qui rend impossible l'existence d'une armée et qui se trouve, dans le cas présent, accompagnée de circonstances aggravantes.

46. **Voies de fait commises sous les armes envers un supérieur :** MORT (art. 222). *Sous les armes,* voir n° 39.

47. **Voies de fait envers un supérieur pendant le service ou à l'occasion du service :** MORT.

Voies de fait hors du service ou sans que cela soit à l'occasion du service : 5 A 10 ANS DE TRAVAUX PUBLICS (art. 223).

Pendant le service, c'est-à-dire si le supérieur ou le coupable, ou l'un et l'autre sont de service. *Un militaire est de service* toutes les fois qu'il remplit un des devoirs qui lui sont imposés : ainsi la corvée, la garde d'écurie, sont aussi bien des services que la garde et l'exercice. Les voies de fait, dans de telles circonstances, ont un caractère spécial de gravité, parce *qu'un militaire de service est revêtu d'un caractère tout particulier.*

A l'occasion du service, la pénalité est la même que dans le cas précédent, car la faute est de même nature ; en outre, il y a préméditation, puisque c'est le souvenir du service qui porte le subordonné à le commettre.

48. Outrages par paroles, gestes ou menaces envers un supérieur pendant le service ou à l'occasion du service : 5 A 10 ANS DE TRAVAUX PUBLICS.

Outrages hors ce cas : 1 A CINQ ANS DE PRISON (art. 224).

Comme au n° 45, la loi militaire n'entre pas dans les distinctions du Code ordinaire ; peu importe que le geste soit plus ou moins insolent, que les paroles prononcées soient une injure ou une calomnie ; ce qu'elle punit, c'est *l'insubordination aggravée par l'outrage*. Dans la série des outrages, rentrent toutes les marques ou expressions de mépris, tous les mots grossiers ou injurieux pour la personne, les actes ou les fonctions du supérieur.

Les simulacres de violences ou de voies de fait, tels que mettre en joue un supérieur, lever le sabre sur lui, etc..., sont aussi des outrages.

49. Attaque sans ordre ou provocation contre les troupes d'une puissance alliée ou neutre : MORT (art. 226).

Acte d'hostilité commis par un chef militaire sur un territoire allié ou neutre sans ordre ni provocation : DESTITUTION (art. 226).

Hostilités prolongées après l'avis de la paix ou d'une trêve : MORT (art. 227).

50. **Commandement pris ou retenu sans motif légitime** : MORT (art. 228).

Prendre ou retenir un commandement contrairement à la loi ou aux règlements militaires, est un abus d'autorité qui peut avoir les plus graves conséquences. C'est surtout à certains moments de crise, quand les chefs légitimes croient devoir ne pas agir ou se démettre de leurs fonctions, qu'il serait dangereux de voir le premier venu se substituer à eux. Les règlements précisent, pour tous les cas, l'ordre de transmission du commandement : *chacun doit s'y conformer, en obéissant à qui de droit, et seulement à lui.*

51. **Voies de fait envers un inférieur sans motif légitime** : 2 MOIS A 5 ANS DE PRISON (art. 229). Les motifs légitimes sont les suivants :

1° La défense légitime de soi-même et d'autrui ;

2° Empêcher, sur le champ de bataille, le dépouillement des morts et blessés ;

3° Arrêter le pillage ou la dévastation ;

4° Rallier les fuyards.

Dans les deux derniers cas en particulier, l'action de la justice, quelque rapide qu'on la suppose, ne répond pas au besoin d'une répression immédiate, instantanée, faute de laquelle le salut de l'armée peut être compromis. *Les chefs acquièrent alors un pouvoir discrétionnaire absolu sur la personne et, au besoin, sur la vie de leurs subordonnés.* La loi n'excepte aucun moyen de répression de leur part (1).

(1) Pendant le combat, les officiers et les sous-officiers doivent retenir dans les rangs, par tous les moyens en leur pouvoir, les militaires sous leurs ordres, et forcer au besoin leur obéissance (*Service en campagne*, art. 135).

Toute voie de fait du supérieur envers un inférieur, qui ne serait pas de nature à motiver l'envoi du coupable devant un conseil de guerre, est puni disciplinairement (*Règlement sur le service intérieur*).

52. **Insoumission en temps de paix : 1 MOIS A 1 AN DE PRISON.**

Insoumission en temps de guerre : 2 ANS A 5 ANS DE PRISON (art. 231).

L'insoumission est la faute de ceux qui, obligés par un titre quelconque au service militaire, ne rejoignent pas leur corps quand ils le doivent. Les disponibles, les réservistes et les territoriaux peuvent donc s'en rendre coupables aussi bien que les hommes appelés au service actif.

L'insoumission est particulièrement grave *en temps de guerre*, c'est-à-dire quand la France est en guerre avec une puissance étrangère. La patrie, en effet, a plus besoin que jamais de ses défenseurs ; l'insoumis, à pareille heure, ne peut-il pas être soupçonné de lâcheté ou même de trahison ? Aussi son nom reste affiché dans la commune de son canton pendant toute la durée de la guerre ; en outre, le coupable est dirigé, à l'expiration de sa peine, sur une compagnie de discipline.

Les délais de repentir, après lesquels l'homme est déclaré insoumis et dont il est question au verso des ordres de route du livret individuel (voir pages 66, 68, 70... du livret) sont les suivants :

1° *Pour les hommes soumis à la loi ordinaire du recrutement :*

En temps de paix : 1 mois, s'ils n'ont jamais servi ; 15 jours s'ils ont déjà servi à un titre quelconque.

En temps de guerre : 2 jours dans tous les cas.

2° *Pour les hommes domiciliés en Algérie et soumis à la loi de recrutement spéciale à ce pays :*

En temps de paix : 1 *mois, si l'homme demeure
en Algérie ;* 2 *mois s'il demeure en Europe ;* 6 *mois
s'il demeure en tout autre pays.*

En temps de guerre : 4 *jours si l'homme demeure
en Algérie ;* 1 *mois s'il demeure en Europe ;* 3 *mois
s'il demeure en tout autre pays.*

Les modifications aux délais de repentir sont
indiquées au verso des feuilles de route, pages 66,
68, 70... du livret.

53. **Désertion à l'intérieur en temps de
paix :** 2 A 5 ANS DE PRISON.

**Désertion à l'intérieur en temps de guerre
ou d'un territoire en état de guerre ou de
siège :** 2 A 5 ANS DE TRAVAUX PUBLICS. (LE MINI
MUM EST DE 3 ANS SI LE DÉSERTEUR A EMPORTÉ
DES ARMES, DES EFFETS D'HABILLEMENT OU D'É
QUIPEMENT, OU EMMENÉ SON CHEVAL, S'IL ÉTAIT DE
SERVICE OU S'IL AVAIT DÉSERTÉ ANTÉRIEUREMENT)
(art. 231, 232, 234).

La désertion est *l'absence sans autorisation* de
tout lieu où le soldat se trouve soumis au service
militaire, au delà des *délais de grâce* ou *de repentir* fixés par la loi. Jusqu'à l'expiration de ces délais, il n'y a *qu'absence illégale*, ou, si le coupable
était de service au moment de son départ, *abandon du poste* (voir n°s 33 et 35).

*Il y a désertion à l'intérieur, quand le coupable
reste en France.*

Le délai de grâce est de 6 jours ; il est porté à
1 mois pour les hommes n'ayant pas 3 mois de
service.

**Les soldats voyageant isolément d'un corps à
un autre, et ceux absents en vertu d'un congé ou**

d'une permission ne sont déclarés déserteurs que 15 jours après celui où ils devaient rejoindre.

En temps de guerre, c'est-à-dire quand la France est en guerre avec une puissance étrangère, les délais ci-dessus sont abrégés des deux tiers et respectivement réduits à 2 jours, 10 jours et 5 jours.

Territoire en état de guerre ou de siège, voir n° 33.

54. Désertion à l'étranger en temps de paix : 2 A 5 ANS DE TRAVAUX PUBLICS.

Désertion en temps de guerre ou d'un territoire en état de siège ou de guerre : 5 A 10 ANS DE TRAVAUX PUBLICS. (LA PEINE NE PEUT ÊTRE MOINDRE DE 3 ANS POUR LE PREMIER CAS ET DE 7 ANS POUR LE SECOND, SI LE COUPABLE A EMPORTÉ DES ARMES, DES EFFETS D'HABILLEMENT OU D'ÉQUIPEMENT, OU EMMENÉ SON CHEVAL, S'IL ÉTAIT DE SERVICE OU S'IL AVAIT DÉSERTÉ ANTÉRIEUREMENT) (art. 235 et 236).

Est *déserteur à l'étranger* tout militaire qui franchit sans autorisation la limite du territoire français, ou qui, hors de France, abandonne le corps auquel il appartient.

Le délai de grâce est toujours le même, quel que soit le temps de service du coupable ou sa position avant la désertion, à savoir : 3 jours en temps de paix et 1 jour en temps de guerre. Dans ce dernier cas, la loi veut seulement donner le temps de bien constater la faute, parce qu'on ne peut douter que le déserteur, en cherchant un refuge à l'étranger au moment du péril, n'ait agi par lâcheté.

55. Désertion à l'ennemi : MORT AVEC DÉGRADATION MILITAIRE (art. 238).

Désertion en présence de l'ennemi : Déten·
tion de 5 a 20 ans (art. 239).

Est *déserteur à l'ennemi*, non seulement le militaire convaincu d'avoir passé à l'ennemi, mais
encore celui qui, sans permission ou ordre écrit
de son supérieur, aura franchi les limites fixées
par le commandant de la troupe dont il fait partie, du côté où l'on peut communiquer avec l'ennemi.

Est *déserteur en présence de l'ennemi* tout militaire qui, sans permission ou ordre écrits de son
supérieur, franchit les limites ci-dessus indiquées hors les côtés par lesquels on peut communiquer avec l'ennemi.

Tout militaire qui sort d'une place de guerre
assiégée ou investie, sans une permission ou ordre écrits du commandant de la place, est réputé
déserteur à l'ennemi.

Il n'y a aucun délai de grâce pour les déserteurs à l'ennemi ou en présence de l'ennemi, car
ce sont des lâches et des traîtres; en outre, leur
faute peut avoir de graves conséquences.

**56. Désertion avec complot en présence de
l'ennemi, ou étant chef de complot de désertion à l'étranger** : Mort (art. 241).

Est réputée *désertion avec complot* toute désertion effectuée de concert par plus de deux militaires.

Le *chef de complot* est le militaire qui excite
ses camarades à déserter.

Si le chef de complot n'est pas connu, on considère comme tel le militaire le plus élevé en
grade, ou, à égalité de grade, le plus ancien.

57. Désertion étant chef de complot à l'in-

térieur : 5 A 10 ANS DE TRAVAUX PUBLICS (art. 241). Voir n° 56.

58. **Désertion avec complot dans tous les autres cas** : LE MAXIMUM DE LA PEINE PORTÉE POUR LA DÉSERTION (art. 241). Le militaire coupable de désertion avec complot, à l'intérieur ou à l'étranger, sans être chef de complot, est puni du maximum de la peine prononcée par la loi pour le cas qui le concerne.

59. **Provocation ou assistance à la désertion par un militaire** : PEINE DE LA DÉSERTION.

Provocation par un individu non **militaire** : 2 MOIS A 5 ANS DE PRISON (art. 242).

60. **Vente, achat ou recel d'effets de petit équipement** : 6 MOIS A 1 AN DE PRISON.

Vente, achat ou recel de chevaux, d'effets d'armement, de grand équipement ou d'habillement, de munitions ou de tout autre objet confié pour le service : 1 AN A 5 ANS DE PRISON (art. 244) (1).

Le *recel* consiste dans la détention volontaire d'une chose qu'on sait avoir été soustraite au préjudice de quelqu'un, qu'on s'en serve ou non.

Dans les *objets confiés pour le service*, il faut comprendre les objets personnels distribués à l'inculpé et les objets collectifs, tels que blouses de cuisine, dont il est provisoirement détenteur. La vente d'effets appartenant ou confiés à d'autres militaires supposerait un *vol préalable* (voir n° 73.)

Les objets de literie et en général tous les ob-

---

(1) Le n° 60 figure au livret sous les deux titres *Achat* et *Vente.*

.jets fournis par des Compagnies soumissionnaires, sont visés par l'article 244, ainsi que par les articles 245, 246 et 248 (n°⁸ 60, 61, 62 et 73).

L'homme ne peut vendre ses effets de petit équipement avant que le capitaine commandant la compagnie, l'escadron ou la batterie ne les ait déclarés impropres à tout usage et fait remplacer ; il est indispensable en effet que le soldat en soit constamment pourvu. Toutefois, la faute est moindre que pour les autres objets ci-dessus mentionnés, puisqu'ils ont été payés sur la masse individuelle.

Les effets réformés, laissés à l'homme pour les corvées, sont assimilés pour l'application des articles 244 et 246 (n°⁸ 60 et 62) aux effets de petit équipement.

L'échange est une espéce de vente : les soldats qui échangent entre eux leurs effets sans autorisation, par exemple lors du départ d'une classe, tombent sous le coup de l'article 244 du Code militaire.

61. **Dissipation ou détournement d'armes, de munitions, effets ou autres objets remis pour le service** : 6 MOIS A 2 ANS DE PRISON (art. 245).

L'article 245 vise le fait de la *disparition non expliquée* de tout objet utile au service. dont le soldat doit être muni. — Cette disparition n'a parfois pour but que de dissimuler une vente ou un échange ; mais souvent aussi elle a pour cause *un esprit d'indiscipline des plus fâcheux* que le juge devra réprimer sévèrement chaque fois qu'il le constatera.

La loi ne distingue pas entre les divers effet disparus, parce que ce n'est pas tant l'intérêt ma tériel de l'Etat qu'elle veut sauvegarder que la discipline.

Pour le bris ou la lacération d'objets ou effets militaires, voir le n° 82 (art. 254).

62. Mise en gage d'effets de petit équipement : 2 A 6 MOIS DE PRISON.

Mise en gage d'effets d'armement, de grand équipement, d'habillement ou de tout autre objet confié pour le service : 6 MOIS A 1 AN DE PRISON (art. 246).

Le soldat met d'habitude ses effets en gage pour garantir le paiement de dépenses faites dans un cabaret ou dans un lieu mal famé. La faute est grave, puisqu'elle prive l'homme de ce qui est nécessaire au service ; toutefois, on peut admettre une sorte d'entraînement : aussi la pénalité est-elle moindre que pour la vente qui suppose la réflexion, parfois la préméditation.

63. Achat, recel ou acceptation en gage d'armes, de munitions, d'effets d'habillement, de grand et de petit équipement, ou de tout autre objet militaire : LA MÊME PEINE QUE L'AUTEUR DU DÉLIT (art. 247).

Cet article complète l'article 244 (voir n° 60). Il atteint les individus non militaires aussi bien que les soldats.

64. Dépouillement d'un blessé : RÉCLUSION.

Dépouillement d'un blessé auquel il est fait de nouvelles blessures : MORT (art. 249).

Le Code s'occupe ici des blessés ennemis aussi bien que des blessés amis, il veut donner aux uns et aux autres, pendant et après l'action, une garantie contre la rapacité criminelle de lâches voleurs.

La loi ne parle pas des morts, mais il a toujours été commandé de les respecter et de ne pas les dépouiller.

65. Destruction, en présence de l'ennemi, des moyens de défense, de tout ou partie d'un matériel de guerre, des approvisionnements en armes, vivres, munitions, effets de campement, d'équipement, d'habillement : Mort avec dégradation militaire.

Destruction hors la présence de l'ennemi : Détention de 5 à 20 ans (art. 253).

Cet article vise également celui qui opère les destructions ci-dessus mentionnées et celui qui les fait opérer, sans nécessité ou motif légitime : dans les deux cas, il y a lâcheté ou trahison.

Parfois assurément on peut détruire du matériel ou des approvisionnements pour empêcher qu'ils ne tombent entre les mains de l'ennemi ou pour alléger l'armée ; mais l'initiative d'une mesure si grave doit toujours venir du commandement.

Les conducteurs attelant du matériel de guerre (artillerie, ambulances, fourgons, etc.) qui, sans ordre, coupent les traits de leurs chevaux dans un moment de panique, tombent sous le coup de l'art. 253 (voir n° 26).

66. Meurtre sur la personne de son hôte, sur celle de sa femme ou de ses enfants : Mort (art. 256). *L'hôte* est celui qui loge le soldat ou son cheval. L'habitant astreint au logement militaire, dans les gîtes d'étapes et les cantonnements, ouvre sa maison aux soldats dont il doit abriter la personne ou les chevaux. Un meurtre commis en abusant des facilités données par cette hospitalité forcée, revêt un caractère spécial de gravité, d'abus de confiance : la loi le juge digne de mort.

Le meurtre commis sur d'autres personnes que l'hôte et les membres de sa famille est puni des peines édictées par le Code pénal ordinaire.

67. **Infidélité dans les poids ou mesures des rations** : 1 AN A 5 ANS DE PRISON (art. 258). L'infidélité consiste dans l'usage, fait sciemment, pour peser ou mesurer les rations, de poids et mesures inexacts, avec le but de tromper la troupe.

L'article 258 ne vise pas l'emploi de sacs ou caisses portant des indications fausses, car ces récipients n'ont rien de légal. La partie prenante peut et doit faire toutes les vérifications nécessaires, qui sont d'ailleurs prescrites par les règlements.

N. B. La loi ordinaire, qui s'applique à l'armée, punit la simple possession, sans motifs légitimes, de faux poids et de fausses mesures.

68. **Contrefaçon de sceaux, de timbres ou de marques militaires** : RÉCLUSION DE 5 A 10 ANS (art. 259). Cet article vise l'imitation frauduleuse, faite à la main ou au moyen d'instruments, des cachets et des marques apposées sur les papiers, effets ou objets quelconques militaires. Le crime existe alors même qu'il ne serait résulté aucun dommage, public ou privé, de la contrefaçon.

69. **Usage frauduleux des sceaux, timbres ou marques militaires** : DÉGRADATION MILITAIRE (art. 260). La loi vise également l'emploi abusif des vrais sceaux, timbres ou marques par leurs détenteurs légitimes et l'usage frauduleux fait par le militaire qui se les est procurés d'une manière quelconque. Le crime existe alors même qu'il ne serait résulté aucun dommage, public ou privé, de cet usage frauduleux.

70. Faux certificats de maladie obtenus d'un médecin militaire par dons ou promesses : Dégradation militaire (art. 262). La peine est la même pour le médecin. Toute *attestation fausse*, verbale ou écrite, donnée par un médecin militaire dans l'exercice de ses fonctions, dans le but de favoriser quelqu'un, est punie de prison et peut même entraîner la destitution du coupable.

71. Infidélité dans le service, dans l'administration militaire ; trafic à son profit des fonds ou deniers appartenant à l'Etat ou à des militaires : 1 a 5 ans de prison (art. 264) (1).

Les *deniers* sont l'argent monnayé ; les *fonds* comprennent toutes les autres valeurs.

Les trafics, tels qu'échange de valeurs, placement de fonds, même momentané, etc., sont absolument interdits. L'argent ou les titres appartenant à l'Etat ou à des membres de l'armée, dont un militaire est détenteur en vertu de ses fonctions, constituent, entre ses mains, un dépôt sacré dont il ne doit disposer que conformément aux règlements ou à la volonté du propriétaire.

72. Port illégal de décorations, d'uniformes ou d'insignes : 2 mois a 2 ans de prison (art. 266).

---

(1) Le n° 71 figure au livret sous les deux titres *Infidélité* et *Trafic.*

§ 2. — Crimes et délits militaires pour lesquels la loi admet des circonstances atténuantes.

73. Vol des armes et munitions appartenant à l'Etat, de l'argent de l'ordinaire, de la solde, des deniers ou effets quelconque appartenant à des militaires ou à l'Etat, si le coupable en est comptable : 5 A 20 ANS DE TRAVAUX FORCÉS.

En cas de circonstances atténuantes : RÉCLUSION DE 5 A 10 ANS OU EMPRISONNEMENT DE 3 A 5 ANS.

Vol si le coupable n'est pas comptable : RÉCLUSION DE 5 A 10 ANS.

En cas de circonstances atténuantes : EMPRISONNEMENT DE 1 A 5 ans (art. 248).

Dans les effets visés ci-dessus, il faut comprendre *les vivres* et *les fourrages*.

74. Vol chez l'hôte : RÉCLUSION DE 5 A 10 ANS.

En cas de circonstances atténuantes : EMPRISONNEMENT DE 1 A 5 ANS (art. 248).

Le vol chez l'hôte comprend non seulement le vol au préjudice de l'hôte lui-même et des personnes de sa famille comme pour le meurtre (voir n° 66), mais encore le vol au préjudice de toute personne, telle que domestique, invité, etc., habitant la maison ou le logement où le militaire est reçu.

Le vol chez l'hôte a un caractère spécial de gravité, puisque le militaire abuse, pour le commettre, de l'hospitalité que la loi force de lui accorder.

75. Vols qualifiés par le Code pénal ordinaire, selon les circonstances : TRAVAUX FORCÉS A PERPÉTUITÉ ; TRAVAUX FORCÉS A TEMPS ; RÉCLUSION OU EMPRISONNEMENT (art. 248).

Pour les cas de vol non prévus par la loi militaire, les conseils de guerre prononcent les peines diverses édictées, suivant les circonstances, par le Code pénal ordinaire.

76. Pillages commis en bande, soit avec armes ou force ouverte, soit avec bris de clôture ou violence : MORT AVEC DÉGRADATION MILITAIRE (art. 250). Il y a *bande* dès qu'il y a trois personnes ou plus.

Il y a *pillage avec armes* quand le militaire fait usage de ses armes, ou quand il porte ostensiblement ou non, même sans en faire usage, d'autres armes que celles comportées par la tenue (voir n° 40).

La *force ouverte* est caractérisée par l'emploi de moyens violents, alors même qu'on n'exercerait pas de violences matérielles sur les personnes, qu'on se contenterait, par exemple, de les séquestrer pendant le pillage.

Le dégât, *c'est-à-dire la dévastation plus ou moins considérable des objets de toutes sortes,* destinés ou non à la vente, servant à l'alimentation, au mobilier, etc.., EST PUNI COMME LE PILLAGE QUAND IL EST COMMIS EN BANDE, SOIT AVEC ARMES OU FORCE OUVERTE, SOIT AVEC BRIS DE CLOTURE OU VIOLENCE.

77. Pillage en bande dans les autres cas : RÉCLUSION (art. 250).

Dnas les autres cas, c'est-à-dire s'il n'a pas lieu,

soit avec armes ou force ouverte, soit avec bris de clôture ou violence.

Le dégât en bande sans armes ni violences n'est pas visé par l'art. 250. Les coupables sont punis conformément au Code ordinaire. Il en est de même *du pillage et du dégât commis individuellement.*

78. Instigateurs de pillage en bande, soit avec armes ou force ouverte, soit avec bris de clôture ou violence : MORT AVEC DÉGRADATION MILITAIRE (art. 250). Lorsque dans le cas prévu au nº 76, il y a parmi les coupables, un ou plusieurs instigateurs et des gradés, la peine de mort n'est infligée qu'aux instigateurs et aux militaires les plus élevés en grade. Les autres coupables sont punis de la peine des travaux forcés à temps.

79. En cas de circonstances atténuantes, la pénalité édictée par l'article 250 (nᵒˢ 76, 77 et 78) est modifiée comme il suit (1) : La peine de mort est réduite à celle des travaux forcés à temps ; la peine des travaux forcés à temps à celle de la réclusion ; la peine de la réclusion à celle d'un emprisonnement de 1 à 5 ans.

80. Incendie d'édifices, bâtiments ou ouvrages militaires, des magasins, chantiers, vaisseaux, navires ou bateaux à l'usage de l'armée : MORT, AVEC DÉGRADATION MILITAIRE.

En cas de circonstances atténuantes : TRAVAUX FORCÉS DE 5 A 20 ANS (art. 251).

(1) Le livret ne fait pas mention des circonstances atténuantes pour l'article 250. Dans la pratique, d'ailleurs, les juges militaires auront rarement à les admettre, par suite des graves conséquences du pillage au point de vue de la discipline et des relations avec la population civile.

La destruction volontaire par la mine ou au moyen d'une matière explosive, comme la dynamite, des bâtiments ou objets à l'usage de l'armée, désignés au présent numéro, EST PUNIE DE LA MÊME PEINE QUE L'INCENDIE. L'importance de leur conservation explique suffisamment la sévérité de la répression.

81. Destruction volontaire d'édifices, bâtiments, ouvrages militaires, magasins, chantiers, vaisseaux, navires, bateaux, à l'usage de l'armée : TRAVAUX FORCÉS DE 5 A 20 ANS.

En cas de circonstances atténuantes : RÉCLUSION DE 5 A 10 ANS, OU EMPRISONNEMENT DE 2 A 5 ANS (art. 252).

Le n° 81 s'occupe de la destruction volontaire des objets et bâtiments déjà visés au n° 80, par des moyens autres que l'incendie ou l'emploi de matières explosives.

Pour l'incendie et la destruction volontaires des objets et bâtiments autres que ceux visés par les articles 251 et 252, on s'en réfère à la loi commune, car l'intérêt militaire n'est plus directement en jeu.

Le droit de guerre autorise l'incendie et la destruction quand l'intérêt des opérations l'exige ; mais ce sont alors les chefs qui en donnent l'ordre, sous leur responsabilité.

82. Destruction ou bris volontaire d'armes, des effets de campement, de casernement, d'équipement ou d'habillement appartenant à l'Etat : 2 A 5 ANS DE TRAVAUX PUBLICS.

En cas de circonstances atténuantes : 2 MOIS A 5 ANS D'EMPRISONNEMENT (art. 254).

La punition est la même que les armes ou effets détruits ou brisés aient été confiés au coupable pour le service ou qu'ils aient été à l'usage d'autres militaires.

Le châtiment est rigoureux et hors de proportion avec le dommage matériel causé à l'Etat, parce qu'avant tout la loi veut réprimer un *acte de révolte*. Elle admet cependant des circonstances atténuantes dans l'intérêt des bons sujets qui, ayant agi dans un premier moment de colère, manifestent un sérieux repentir.

Les portes, fenêtres, vitres, etc., d'une caserne ou d'une salle de discipline n'étant pas des objets de casernement, leur bris volontaire est puni d'après le Code ordinaire.

83. Mort donnée à un cheval ou bête de trait ou de somme, employé au service de l'armée: 2 A 5 ANS DE TRAVAUX PUBLICS.

En cas de circonstances atténuantes : EMPRISONNEMENT DE 2 MOIS A 5 ANS (art. 254).

Celui qui estropie volontairement un animal employé au service de l'armée encourt la même peine que celui qui le tue.

La loi veut surtout punir un acte de révolte.

Les circonstances atténuantes ont été admises pour le même motif qu'au nᵒ 82.

84. Destruction de registres, minutes ou actes originaux de l'autorité militaire : RÉCLUSION DE 5 A 10 ANS.

En cas de circonstances atténuantes : EMPRISONNEMENT DE 2 A 5 ANS (art. 255).

L'article 255 vise toutes les écritures, registres, minutes, expéditions, se rapportant au service, à la comptabilité et à la justice militaires, qui ne peuvent être détruits qu'en vertu des règlements ou sur un ordre régulier. La conservation de ces documents est excessivement importante, puisqu'ils retracent les actes du commandement, justifient les opérations administratives et fixent les responsabilités. Leur destruction d'ailleurs suppose généralement un but coupable.

85. **Faux sur dés états de situation ou de revue** : Travaux forcés de 5 a 20 ans.

En cas de circonstances atténuantes : Réclusion de 5 a 10 ans ou emprisonnement de 2 a 5 ans (art. 257).

Infidélité dans les états de troupe : Travaux forcés de 5 a 20 ans.

En cas de circonstances atténuantés : Réclusion de 5 a 10 ans ou emprisonnement de 2 a 5 ans (art. 257).

L'article 257 vise les infidélités et faux commis dans toutes les écritures relatives à l'administration militaire : états, situations, feuilles de prêt, bons, bulletins, récépissés, feuilles de route, etc.
Quand le faux ne se rapporte pas à l'administration militaire, on s'en réfère à la loi commune.

86. **Corruption dans le service, dans l'administration militaire** : Dégradation militaire.

En cas de circonstances atténuantes : Emprisonnement de 3 mois a 2 ans (art. 261).

Il y a *corruption* quand un militaire reçoit des dons ou agrée des promesses, soit pour faire un acte, même juste et obligatoire, de ses fonctions, soit pour s'en abstenir; ou bien, quand il trompe, pour obtenir des dons ou promesses, sur la nature et l'étendue de ses fonctions. *La peine est la même pour le corrupteur et le corrompu.*

Le militaire qui exerce une contrainte par voies de fait ou menaces sur un autre militaire, pour obtenir de lui l'accomplissement ou l'abstention d'un acte quelconque relatif à ses fonctions, est puni de la même peine que le corrupteur.

Bien que la loi admette les circonstances atténuantes, la corruption a des conséquences si fâcheuses pour l'esprit militaire, en détruisant le respect pour les chefs et la confiance en eux, que les coupables doivent toujours s'attendre au châtiment le plus sévère.

87. Tentative de contrainte ou de corruption n'ayant produit aucun effet : Emprisonnement de 3 à 6 mois (art. 261).

88. Soustractions commises par des comptables militaires : Travaux forcés de 5 à 20 ans.

En cas de circonstances atténuantes : Réclusion de 5 à 10 ans, emprisonnement de 2 à 5 ans (art. 263).

89. Prévarication dans le service, dans l'administration militaire ; Travaux forcés de 5 à 20 ans.

Suivant les cas : Dégradation militaire.

En cas de circonstances atténuantes : Réclusion de 5 à 10 ans, emprisonnement de 3 mois à 5 ans (art. 261 et 263).

Par *prévarication*, on comprend, outre les faits de corruption, et de soustraction (voir n⁰ˢ 86 et 88) :

1° La *concussion*, c'est-à-dire toute perception illégale faite avec connaissance de cause.

2° La faute du militaire prenant ou recevant un intérêt direct ou indirect dans les affaires auxquelles ses fonctions l'appellent à participer à un titre quelconque. Ainsi, les militaires chargés de faire des achats ou de passer des marchés, qui s'entendent avec les marchands ou fournisseurs pour avoir une part dans les bénéfices, sont coupables de prévarication.

Suivant les cas : le nᵃ 89 vise par là les actes de corruption (voir n° 86).

90. **Falsification par un militaire de substances, matières, denrées ou liquides confiés à sa garde ou placés sous sa surveillance :** Réclusion de 5 a 10 ans.

Distribution de substances, denrées ou liquides avariés, corrompus ou gâtés : Réclusion de 5 a 10 ans.

En cas de circonstances atténuantes : Emprisonnement de 1 a 5 ans (art. 265).

La falsification résulte :

1° De tout mélange altérant la qualité naturelle des substances, tel que eau et vin, etc...

2° D'une fausse désignation donnée à la substance ou à la provenance.

L'article 265 ne vise que la préparation ou la distribution par les agents administratifs de substances falsifiées. Il ne s'occupe pas de la vente de celles-ci par les cantiniers ou autres fournisseurs ;

on s'en réfère, dans ce dernier cas, au **Code ordinaire.**

Dans l'article 265, la loi suppose que l'agent coupable n'avait pas d'autre but que son propre intérêt ; la pénalité varie suivant la gravité des effets produits sur la santé des troupes. S'il est établi qu'il avait l'intention d'altérer cette santé, la faute change de nature et devient une lâche trahison digne des plus sévères châtiments.

91. **L'ivresse** n'entraîne ordinairement qu'une punition disciplinaire. *Toutefois, l'ivresse manifeste dans les rues, chemins, places, cafés, cabarets et autres lieux publics, peut amener le délinquant devant un conseil de guerre,* si l'emploi de ce moyen est jugé nécessaire contre un vice dégradant qu'il importe de poursuivre énergiquement dans l'armée. La peine prononcée peut atteindre 6 mois d'emprisonnement à la 3ᵉ récidive.

CHAPITRE III

QUELQUES PRINCIPES DE DROIT INTERNATIONAL

92. La perfidie est absolument proscrite, même au plus fort de la lutte. Ainsi, il est défendu de manifester la volonté de se rendre en levant la crosse, par exemple, pour frapper ensuite l'adversaire sans défiance ; d'assassiner un ennemi en s'introduisant près de lui sous de fausses apparences ; d'empoisonner les sources, etc.

Le respect de la foi jurée à l'ennemi est de règle absolue. On ne peut recouvrer sa liberté d'action qu'en retirant sa parole.

93. Hors le cas de perfidie, toutes les ruses sont permises.

94. Les cruautés, violences ou rigueurs inutiles sont défendues. Ainsi, on ne doit jamais frapper l'ennemi qui se rend ou qui n'a plus les moyens de se défendre : les combattants n'ont sur eux que les pouvoirs nécessaires pour s'assurer de leur personne, sauf, bien entendu, les cas d'insubordination.

Les prisonniers de guerre ne sont jamais dépouillés ; chacun d'eux est traité avec les honneurs dus à son rang.

« Les officiers doivent rappeler aux soldats que « la générosité honore le courage » (Service en campagne, Art. 135).

95. Les morts et les blessés ont droit au respect le plus absolu.

Tous les blessés, amis ou ennemis, sont traités de la même manière ; les chefs doivent veiller spécialement à ce qu'ils reçoivent les soins nécessaires.

96. Il est interdit d'exécuter sommairement les individus qu'on arrête, fussent des traîtres ou des espions pris en flagrant délit. C'est aux conseils de guerre qu'il appartient de les juger et de prononcer la peine qu'ils méritent. Cette règle est une garantie indispensable contre les accusations d'espionnage et de trahison que l'on voit surgir de toutes parts à certains moments de crise.

97. En vertu de la convention de Genève, les ambulances et hôpitaux militaires (avec drapeau portant croix rouge sur fond blanc) sont neutralisés.

Le personnel des hôpitaux et ambulances (avec brassard portant croix rouge sur fond blanc) est aussi neutralisé ; on doit le laisser vaquer librement à ses fonctions. Toute insulte, tout mauvais traitement à son égard, sont rigoureusement interdits.

Les habitants du pays qui portent des secours aux blessés, doivent être également respectés et demeurer libres. Tout blessé recueilli et soigné dans une maison y sert de sauvegarde.

98. On accorde généralement les privilèges de la convention de Genève aux *diverses sociétés de secours aux blessés.* On exige seulement de leurs membres un signe distinctif bien apparent.

99. S'il arrive que l'ennemi manque à quelque prescription du droit international, le soldat ne doit pas user de représailles sans l'ordre de ses chefs, seuls juges de l'opportunité des mesures à prendre. Le système des représailles réciproques amènerait fatalement une lutte barbare, indigne de peuples civilisés.

100. Le parlementaire est la personne, militaire ou non, qui se présente sous la sauvegarde du drapeau blanc.

Le parlementaire et les gens qui l'accompagnent (généralement un trompette ou tambour et un porte-drapeau) sont inviolables ; on doit les respecter et se conformer, si ordre est donné de les recevoir, aux prescriptions réglementaires.

Le parlementaire ne cesse d'être inviolable que s'il abuse de sa mission et des droits qu'elle lui confère pour provoquer ou commettre une perfidie, telle qu'un acte d'espionnage ou de trahison.

101. Personne, sauf le commandant en chef et les personnes qu'il délègue, ne doit avoir de communication avec l'ennemi.

102. Pendant les armistices et les suspensions d'armes, tous les soldats sont tenus d'observer les clauses arrêtées entre les généraux en chef, s'abstenir de toute attaque ou violence contre l'ennemi, de toute reconnaissance au delà des lignes.

103. Le soldat doit respecter la personne des non belligérants, en pays ennemi comme en pays ami. Toute atteinte au droit des familles, tout attentat contre les mœurs, l'assassinat, le meurtre, les violences, les arrestations ou séquestrations arbitraires, le rapt, les entraves non justifiées à l'exercice des cultes, etc..., sont punissables par les conseils de guerre.

104. Le soldat doit respecter les propriétés

publiques et privées, mobilières ou immobilières, en pays ennemi comme en pays ami, autant du moins que le permettent les nécessités de la guerre. Les chefs seuls sont juges des dérogations à apporter à ce principe. Toute destruction ou dévastation inutile, tout vol sont sévèrement prohibés. La maraude n'est jamais tolérée.

Les valeurs ou objets cachés par les habitants ne sont pas la propriété du soldat qui les trouve; il doit les remettre à l'autorité militaire.

Les maisons inhabitées ou abandonnées doivent être respectées comme celles qui sont occupées.

Tout soldat prévenu d'un crime ou délit contre la propriété, peut être traduit en conseil de guerre.

105. Le militaire qui fait des réquisitions sans une délégation régulière du commandement, est poursuivi pour pillage.

106. Les officiers ont le devoir de protéger les personnes et les propriétés, en prévenant ou réprimant sévèrement tout excès et même tout abus de la part de leurs inférieurs.

CHAPITRE IV

**DISPOSITIONS RELATIVES AUX HOMMES DE LA DIS-
PONIBILITÉ ET DE LA RÉSERVE DE L'ARMÉE AC-
TIVE, DE L'ARMÉE TERRITORIALE ET DE SA
RÉSERVE.**

107. Les hommes de la disponibilité et de
la réserve de l'armée active, de l'armée territoriale et de sa réserve, ont certaines obligations
spéciales, rappelées aux pages 1 et 2 du livret.
Les infractions sont punies d'amendes et d'emprisonnement par les tribunaux ordinaires.

En cas de récidive ou en temps de guerre, les
peines peuvent être doublées.

108. Les hommes précités sont justiciables
des conseils de guerre dans les positions suivantes :

1° En cas de mobilisation ;

2° En cas de convocation pour des manœuvres,
exercices ou revues ;

3° Lorsqu'ils se trouvent dans les hôpitaux militaires ou dans les salles des hôpitaux civils af-
fectés aux militaires ; lorsqu'ils voyagent comme
militaires sous la conduite de la force publique,
ou qu'ils se trouvent dans les établissements,
prisons et pénitenciers militaires.

109. Ils sont toujours justiciables des conseils de guerre :

1° Pour les faits d'insoumission (Voir n° 52).

2° Pour tous les crimes et délits prévus par le
Code de justice militaire (Voir du n° 25 au n° 90)

lorsque, au moment où les faits incriminés ont été commis, les délinquants étaient revêtus d'effets d'uniforme.

110. Ils restent justiciables des conseils de guerre, même après avoir été renvoyés dans leurs foyers, pour les crimes et délits militaires suivants :

Trahison, espionnage et embauchage (n°ˢ 26, 28 et 30).

Violation de consigne en présence de l'ennemi (n° 42).

Violence envers une sentinelle (n° 43).

Voies de faits et outrages envers un supérieur (n°ˢ 47 et 48).

Rébellion (n° 40) quand les coupables sont en armes.

Abus d'autorité (n°ˢ 49, 50 et 51).

Provocation à la désertion (n° 59).

Vol des armes, munitions, effets militaires, etc. (n° 73).

Vol chez l'habitant, quand le délinquant y est logé militairement (n° 74).

Blessures faites à un blessé pour le dépouiller (n° 64).

Pillage, destruction, dévastation d'édifices à l'usage de l'armée (n°ˢ 65, 76, 77, 78, 79, 80, 81).

Meurtre chez l'habitant, quant le délinquant y est logé militairement (n° 66).

Port illégal d'insignes (n° 72).

111. Le n° 110 ne s'applique pas en temps de paix aux territoriaux, quand ils sont rentrés dans leurs foyers depuis plus de 6 mois, à moins que le délinquant n'ait commis les faits incriminés étant revêtu d'effets d'uniforme.

112. Sont laissées à la répression directe de l'autorité militaire et punies disciplinairement les infractions contre le devoir militaire ci-après énumérées, lorsqu'elles ne constituent ni crime ni délit :

1° Les infractions ou obligations résumées aux pages **1** et **2** du livret ;

2° Les retards non justifiés en cas de convocation ;

3° Les fautes contre la discipline, commises en uniforme ;

4° Les actes de désobéissance aux ordres légitimes de l'autorité militaire.

Les punitions disciplinaires, qui en sont la suite, sont subies, à la diligence de l'autorité militaire, soit dans les prisons des corps de troupe les plus voisins, soit dans les lieux de détention militaire, soit dans les prisons civiles, sous la réserve que les hommes ainsi punis ne seront jamais confondus avec les prévenus ou les détenus criminels ou correctionnels.

113. L'homme qui a été puni de prison soit par jugement d'un tribunal, soit disciplinairement, peut être astreint par l'autorité militaire à compléter, dans un corps de troupe ou un dépôt, le temps de service pour lequel il était appelé.

114. La pénalité appliquée par les conseils de guerre est la même que pour les hommes de l'armée active. Toutefois, on peut admettre les circonstances atténuantes, alors même que le Code militaire ne les prévoit pas :

1° Dans les cas visés par les **2°** et **3°** du n° **108** et par le n° 109, quand les coupables n'ont pas 3 mois de présence sous les drapeaux (1);

2° Dans les cas visés par le n° 110 quand les coupables n'ont pas 3 mois de présence sous les drapeaux ou quand ils sont rentrés dans leurs foyers depuis plus de 6 mois.

(1) Par trois mois de présence sous les drapeaux, on doit entendre le temps de service accompli, même à des époques successives.

FIN.

TABLE DES MATIÈRES

Paris. — Imp. L. Baudoin et Ce, rue Christine, 2.

BIBLIOTHEQUE NATIONALE DE FRANCE
3 7502 01993284 9